AF569510

Das
Bäckermädle
Familienbackbuch

Gesamtherstellung
einhorn-Verlag+Druck GmbH
Sebaldplatz 1
Schwäbisch Gmünd

Projektleitung und Layout
Jens Giese, einhorn-Verlag

Idee, Texte, Rezepte und Fotos
Katharina Regele, www.baeckermaedle.de

Redaktion
Andrea Porr, einhorn-Verlag
Anka Malterer, einhorn-Verlag

Satz
Johanna Dolderer, einhorn-Verlag
Alicia Hägele, einhorn-Verlag
Jens Giese, einhorn-Verlag

ISBN 978-3-95747-140-6

1. Auflage, Oktober 2022
Printed in EU

www.einhornverlag.de

Das *Bäckermädle* Familienbackbuch

einhorn

Vorwort zum Familienbackbuch vom Bäckermädle

Liebe Genussmenschen und Familienmitglieder,

für mich war klar, wenn ich ein Backbuch schreibe, muss für jeden etwas dabei sein! Und so fand ich ein Backbuch für die gesamte Familie einfach mehr als passend. Familie entspricht für mich selten dem »klassischen« Modell mit Vater, Mutter und Kind. Für mich gehören zum Beispiel auch Freunde oder Verwandte dazu, man fühlt Familie einfach. Und wenn man Zeit mit diesen Menschen verbringt, soll es weniger kompliziert sein, sondern viel mehr lecker und einfach. Rezepte, für die man nicht gefühlt Tausend verschiedene Zutaten und am besten tagelange Vorbereitung benötigt.

Dieses Buch ist für alle, die gern (in Gesellschaft) genießen oder den Liebsten in Form von gutem Essen eine Freude bereiten wollen.

Inhalt

Mein Backwörterbuch Übersetzungen und Erklärungen

Bevor ihr euch ins Backabenteuer stürzt, solltet ihr einmal dieses Wörterbuch lesen, um euch hier und da noch ein paar Tipps zu holen! Ideal ist es auch, wenn ihr nicht alle Zutaten daheim habt und einen Ersatz sucht.

Ei
Ich backe immer mit der Größe M, das entspricht ca. 50 g Vollei (20 g Eigelb und 30 g Eiweiß).

Raumtemperatur
Hier sind immer ca. 24 Grad gemeint. Wenn das bei euch abweicht, müsst ihr die Ruhezeiten anpassen. Eine konstante Temperatur hat zum Beispiel der Keller, dieser eignet sich dann für solche Rezepte hervorragend.

Mehltypen
Bei allen Kuchenrezepten könnt ihr die Weizenmehltypen 405 oder 550 auch mit Dinkelmehl Type 630 ersetzen oder austauschen.

Kneten
Ich verwende für meine Rezepte daheim immer eine KitchenAid. Falls ihr eine andere Küchenmaschine habt, knetet ihr einfach so lange, bis der Teig eine glatte Oberfläche hat und sich vom Schüsselrand löst.

Sieben
Trockene Zutaten wie Mehl, Backpulver oder Stärke siebe ich entweder direkt in den Teig oder davor einmal durch.

Formen
Eine klassische Kastenform entspricht ca. 26 × 11 × 8 cm (konisch zulaufend, oben gemessen) es gehen aber auch größere (gerade zulaufend) mit ca. 32 × 13 × 7,5 – je nachdem, welche ihr benutzt, wird der Kuchen eben höher oder niedriger.

Eine Auflaufform entspricht ca. 17 × 25 × 5 cm (konisch zulaufend, oben gemessen).

Vanille
Ich verwende gern natürliche Zutaten, auch bei der Vanille. Ich kratze daher immer eine echte Vanilleschote aus, trockne die restliche Schale dann in Zucker und mahle alles irgendwann ganz fein zu Vanillezucker.

Kuvertüre

Anstatt Kuvertüre kann man auch einfach Schokolade nehmen. Aber bei Kuvertüre ist der Zuckeranteil deutlich geringer.

Stärke

Hier ist immer normale (Weizen-)Stärke oder Maisstärke gemeint, das geht beides. Man kann die Stärke aber auch weglassen und durch Mehl ersetzen.

Kakao

Damit ist immer *Back*kakao gemeint. Backkakao hat wenig mit dem Schokoladenpulver für das Milchgetränk zu tun.

Gare

Zeit, in der die Hefe im Teig gärt und der Teig an Volumen zunimmt. Am besten zugedeckt, bei hoher Luftfeuchtigkeit und angenehm warmer Temperatur (26–28 Grad).

Halbe Gare bedeutet, dass der Teig schon an Volumen zugenommen hat, aber noch stabil wirkt (beim Eindrücken mit dem Finger springt der Teig nicht sofort zurück).

Warm- und Kaltschlagen

Das Vollei auf einem Wasserbad unter ständigem Rühren auf maximal 38 Grad erhitzen und danach in einer Rührschüssel auf Zimmertemperatur kaltschlagen. Dabei entsteht eine hohe Volumenzunahme.

Emulgieren

Zwei Zutaten, zum Beispiel Sahne und Schokolade (siehe Pralinen-Rezept), unter langsamem und ständigem Rühren zu einer glatten und glänzenden Masse vermischen.

Gewürze

Genau genommen sind Salz und Zucker keine Gewürze, diese würde ich immer ganz exakt abwiegen. Alle anderen geschmacksgebenden Zutaten, wie zum Beispiel Zimt, können bei kleineren Mengen nach Belieben hinzugegeben werden.

Süßes und Salziges für jeden Tag

Kleine Inspirationen für den Alltag, Rezepte, die unser Leben einfach schmackhafter machen.
Ich liebe es zum Beispiel, saisonal zu backen mit Obst und Gemüse direkt aus dem Garten! Wenn die ersten Beeren reif sind, gibt es also Kuchen. Die Äpfel im Herbst kommen auf den Hefeteig und im Winter gibt es Leckeres aus Schokolade. Hier ist also für jeden etwas dabei, salzig oder süß, aber auf jeden Fall lecker!

Profitipp
Wenn der Teig weicher ist, dann ist er schwieriger zu verarbeiten, da er mehr klebt und sich kaum mit dem Rollholz ausrollen lässt. Hier ist sehr viel Gefühl gefragt, aber es lohnt sich! Denn der Teig wird fluffiger und weniger kompakt.

Für Genießer
Keinen Hunger oder keine Zeit? Kein Problem! Der Teig eignet sich hervorragend zum Vorbereiten. Einfach vorher zubereiten und direkt in den Kühlschrank stellen. Dabei gut abdecken und auf eine konstante Temperatur achten.

Pizzateig

Zutaten für den Hefeteig

360 g Weizenmehl, Type 550
40 g Hartweizengrieß
30 g Öl
8 g Salz
12 g Hefe
ca. 280 g Wasser
(max. 350 g für Profis)

Rezept reicht für
eine Pizza 28 cm Ø

Zubereitung
Alle Zutaten zusammen in eine Schüssel geben und kneten: 4 Minuten im langsamen Gang und 6 Minuten schnell. Wer es sich zutraut, kann den Teig weicher oder fester machen.

Den Teig ca. 10 Minuten ruhen lassen und danach leicht rund formen.

Nach erneuten 10 Minuten Pause den Teig auf die gewünschte Größe und Dicke ausrollen.

Die Pizza kann jetzt nach euren Vorlieben belegt und direkt gebacken werden oder noch etwas auf Gare stehen, 2 Stunden bei Raumtemperatur (24 Grad) ist dabei kein Problem. Vorher schon mit Tomatensoße bestreichen, dann trocknet der Teig nicht aus.

Wer einen Pizzastein zu Hause hat, sollte diesen schon im Ofen mit aufheizen lassen.

Bei 240 Grad Unter- und Oberhitze ca. 12 Minuten backen.

Profitipp
Wer etwas Abwechslung möchte, kann ein Drittel des Mehls durch Kakaopulver ersetzen und die Masse mit Topping mithilfe einer Gabel leicht vermischen. So entsteht ein leicht marmoriertes Muster und kann mit Schokolade oder Früchten verziert werden.

Himbeertarte mit Frischkäse-Topping

Zutaten für den Rührteig
150 g Butter
140 g Zucker
2 Eier
20 g Milch
150 g Dinkelmehl, Type 630

Zutaten für das Topping
200 g Doppelrahmfrischkäse (Raumtemperatur)
30 g Zucker
1 Ei
½ Zitrone, Schale und Saft
120 g Himbeeren oder andere Früchte

Zubereitung
Alle Zutaten für den Teig nach und nach miteinander verrühren, bis eine glatte Masse entsteht.

Die Masse dann in einen gefetteten Ring füllen oder in eine Form streichen; die Masse ist relativ fest.

Für das Topping zuerst den Frischkäse mit dem Zucker glatt rühren und zum Schluss das Ei und die Zitrone hinzufügen.

Zum Schluss die Himbeeren oder andere Früchte nach Wahl aufstreuen.

Bei 190 Grad Unter- und Oberhitze ca. 25 Minuten backen.

Rezept reicht für
einen Kuchen 22–24 cm Ø oder eine kleine Auflaufform

Teigtaschen aus der Pfanne

Zutaten für den Teig

300 g Weizenmehl, Type 550
50 g Stärke
30 g Mais- oder Hartweizengrieß
12 g Hefe
8 g Salz
230 g Wasser

Füllung

Für einen Fladen ca. 30 g Füllung rechnen.

Asiatische Füllung

4 Champignons
200 g Chinakohl
50 g Hühnchen

Schwäbische Füllung

100 g Käse
50 g Lauchzwiebeln
50 g Speck

Hier könnt ihr kreativ werden und alles Mögliche ausprobieren. Die Füllung sollte immer eher fester sein, sonst läuft sie beim Backen aus.

Die Füllung am besten vor dem Teig herstellen, damit sie noch gut auskühlen kann oder direkt einen Tag vorher vorbereiten. ▶

Rezept reicht für

ca. 8 Taschen

Profitipp

Wer es gern süß mag oder als Nachtisch, kann auch einfach Schokolade und/oder frische Früchte in den Teig füllen.

Zubereitung

Für den Teig alle Zutaten 3 Minuten langsam und 4 Minuten schnell kneten; der Teig sollte schön fest sein. Den Teig danach zu ca. 80 g schweren Teigballen formen und für 15 Minuten ruhen lassen.

Die Teigballen jetzt leicht mit den Händen platt drücken und belegen, hier so wenig Flüssigkeit wie möglich in die Fladen bringen. Danach die Füllung einschlagen und gut verschließen.

So vorbereitet könnt ihr die Fladen auch eine Stunde im Kühlschrank lagern und im Anschluss erst backen.

Neutrales Öl leicht in der Pfanne erhitzen und die Taschen zuerst mit der verschlossenen Seite nach oben hineinlegen. Dann könnt ihr die Pfanne mit einem Deckel verschließen und somit einen kleinen Gärschrank erzeugen. Sobald sie von einer Seite goldgelb sind, einmal wenden.

Gesamtbackzeit ca. 10 Minuten, bis die Teigtaschen von beiden Seiten goldgelb sind.

Profitipp

Die Füllung und auch das Topping kann man beliebig abwandeln und austauschen. Zum Beispiel nur die Vanillecreme verwenden und anstatt Äpfeln Himbeeren aufstreuen. Den Teig kann man (ungegart) auch auf Vorrat einfrieren und auftauen, wenn man ihn braucht.

Rezept reicht für

einen Kuchen 26 cm Ø oder
eine kleine Auflaufform

Apfel-Vanille-Butterkuchen

Zutaten für den Teig

250 g	Weizenmehl, Type 550
100 g	Milch
15 g	Hefe, frisch
35 g	Zucker
50 g	Butter
1	Ei
2 g	Salz

Zutaten für das Topping

100 g	Butter, weich
150 g	Vanillecreme
2	Äpfel
	Mandeln, gehobelt
	Zimt und Zucker

Zutaten für eine Vanillecreme

500 g	Milch
50 g	Zucker
1	Vanilleschote
40 g	Stärke

Zubereitung

Für die Vanillecreme Milch, Zucker und die Vanilleschote zusammen erhitzen. Dann die Stärke einrühren und nochmals aufkochen lassen. lassen. Bitte beachtet, dass dieses Rezept mehr Creme ergibt, als für das Topping benötigt wird.

Alle Zutaten für den Teig 3 Minuten langsam und 4 Minuten schnell kneten, solange bis der Teig eine glatte Oberfläche hat und sich vom Schüsselrand löst. Es ist übrigens nicht notwendig, die Milch für die frische Hefe warm zu machen. Alle Zutaten sollten nicht wärmer als die Raumtemperatur sein.

Den Teig nach einer kurzen Ruhephase (10 Minuten) in Form bringen und ausrollen. Dann bei Raumtemperatur eine halbe Stunde (gut abgedeckt!) gehen lassen.

In der Zwischenzeit die Butter für die Füllung gut aufschlagen, dann 150 g der abgekühlten Vanillecreme unterlaufen lassen.

Nach halber Gare mit den Fingern kleine Löcher in den Teig machen und dort die Creme hineinfüllen. Zum Schluss die Äpfel in feine Scheiben schneiden und auf dem Kuchen verteilen. Darüber Mandeln, Zimt und Zucker streuen; der Grundteig ist hierfür extra zuckerreduziert.

Backen bei 200 Grad Unter- und Oberhitze ca. 25 Minuten.

Wer gern (vegane) Brownies möchte, nimmt die doppelte Menge und füllt den Teig in eine Auflaufform.

Profitipp
Die vegane Variante neigt dazu, leicht trocken zu werden und etwas mehr zu bröseln. Hier können eine zusätzlich pürierte Banane oder eingeweichte Flohsamenschalen im Teig helfen, den Kuchen saftiger zu machen.

Rezept reicht für
eine Kastenform

Schokoladen-Walnuss-Kuchen (vegan)

Karamellisierte Walnüsse

- 100 g Walnüsse
- 40 g Zucker
- 50 g Wasser, heiß
- 10 g Zimt

Zutaten für den Teig

- 200 g Butter oder Margarine, weich
- 180 g Zucker
- 2 Eier (für die vegane Variante einfach weglassen)
- 150 g Kuvertüre dunkel, gehackt
- 160 g Weizenmehl, Type 405
- 40 g Kakaopulver
- 200 g Walnussmischung

▶

Für Genießer
Die Walnüsse durch andere Nüsse ersetzen, zum Beispiel Pekannüsse, und dazu einen Schuss Ahornsirup nehmen (anstatt der ganzen Menge Zucker).

Zubereitung
Heißes Wasser, Zucker und Zimt vermischen, die Walnüsse über Nacht darin ziehen lassen und am nächsten Tag im Ofen bei 160 Grad ca. 15 Minuten langsam karamellisieren lassen. Falls etwas Wasser in der Schüssel bleibt, einfach zum Kuchenteig hinzufügen.

Für den Teig zuerst Butter, Zucker, (Eier), Kuvertüre und Walnüsse vermengen. So werden Nüsse und Schokolade extra fein und verteilen sich gut im Teig. Kakaopulver und Mehl zusammenmischen und zu den restlichen Zutaten hinzufügen.

Den Teig in eine gut gefettete Kastenform geben oder für Brownies eine Auflaufform verwenden.

Bei 180 Grad Unter- und Oberhitze den Kuchen ca. 40 Minuten backen.

Den Kuchen danach in der Form auskühlen lassen (bis die gehackte Schokolade fest ist) und dann erst stürzen.

Einfache Rezepte für Papa

… und für (berufstätige) Mamas! Heutzutage ist es, zum Glück, nicht mehr der Standard, dass die Mutter daheim die Kinder erzieht und der Vater arbeiten geht. Es gibt nicht mehr ein klassisches Familienmodell, sondern viele unterschiedliche. Aber eines haben wohl alle gemeinsam: Zeit ist oftmals knapp. Daher gibt es für diese Lebenslagen jetzt Rezepte, die immer funktionieren, leicht sind und nicht viele Zutaten benötigen. Hier kann man das Abwiegen auch mal nicht so genau nehmen oder kurz noch etwas anderes nebenher erledigen. Traut euch, backen macht Spaß!

Man hat nicht immer Ahornsirup daheim, daher eignet sich als Alternative Honig super! Einfach bei maximal 38 Grad kurz erhitzen, so bleiben alle tollen Inhaltsstoffe erhalten. Der Honig wird dadurch genauso flüssig wie Sirup.

Profitipp

Dieses Rezept eignet sich ideal für bereits trockene Brotscheiben. Damit meine ich *kein* Industrie-Toastbrot, sondern normales Weißbrot vom Bäcker – es geht aber auch jede andere Sorte. Einfach die Menge an Zucker der verwendeten Backware anpassen.

Arme Ritter

Grundzutaten

Brot oder andere Backwaren
Butter oder Öl

Zutaten für den Guss

200 g Sahne und/oder Milch
2 Eier
50 g Zucker
2 g Zimt

Rezept reicht für

ca. 8 – 10 Scheiben Brot und 3 – 4 Personen

Zubereitung

Alle Zutaten miteinander vermischen.

Die Brotscheiben kurz darin ziehen lassen und dabei langsam das neutrale Öl oder die Butter in der Pfanne erhitzen.

Die Scheiben in der Pfanne von beiden Seiten goldgelb braten, der Guss kann zwischendurch auch noch mal hinzugefügt werden, dann werden die Ritter noch saftiger.

Warm mit Puderzucker oder Ahornsirup servieren.

Profitipp

Der Teig kann auch für andere pikante Füllungen die Grundlage sein, zum Beispiel für Zwiebelkuchen oder Quiche.

Schneller Pizzateig ohne Hefe

Zutaten für den Teig

200 g	Weizenmehl, Type 550
90–100 g	Wasser
20 g	Öl
14 g	Backpulver
4 g	Salz

Rezept reicht für

eine Pizza 26 cm Ø

Zubereitung

Alle Zutaten zusammen in eine Schüssel geben und kneten, bis ein glatter Teig entsteht. Geht auch schnell per Hand.

Der Teig sollte relativ fest sein; falls er sich schwer verarbeiten lässt, einfach kurz ca. 5 Minuten ruhen lassen. Der Teig kann ansonsten direkt ohne Ruhepause rund geformt und ausgerollt werden, wer mag kann einen kleinen Rand stehen lassen.

Die Pizza nach Wunsch belegen und dann direkt in den Ofen schieben.

Wer einen Pizzastein zu Hause hat, sollte diesen schon im Ofen aufheizen lassen.

Bei 230 Grad Unter- und Oberhitze ca. 12 Minuten backen (kann mit Pizzastein etwas abweichen).

Profitipp

Beim Auspressen von Zitronen und Orangen die Schale nicht wegwerfen, sondern abreiben. Den Abrieb dann mit Zucker oder Öl vermischt im Kühlschrank lagern. So hat man bei Bedarf immer etwas für Kuchen und Torten!

Rezept reicht für
eine kleine Auflaufform

Zitronenkuchen

Zutaten für den Rührteig

250 g Butter, weich
250 g Zucker
4 Eier
50 ml Milch
250 g Weizenmehl, Type 405
2 Zitronen, Schale und Saft

Zubereitung

Die Zutaten für den Zitronenkuchen nach und nach miteinander vermengen. Wichtig ist dabei, dass die trockenen Bestandteile erst zum Schluss dazugegeben werden. Alle Zutaten kurz aufschlagen.

Den Teig in eine mit Backpapier ausgelegte Form geben.

Bei 190 Grad Unter- und Oberhitze ca. 30 Minuten backen.

Nach dem Abkühlen mit Puderzucker bestreuen.

JUNO

Rezepte von Oma

Wir wissen alle: Omas und Opas sind die *Besten*! Meiner Tochter schmeckt es bei Oma einfach noch mal besser (obwohl ja eigentlich *ich* der Profi bin …). Dort wird auch immer alles gegessen und nie gemeckert. Also habe ich mir mal ein paar Rezepte geben lassen und hier verewigt. Die schmecken natürlich auch ohne Oma wie von Oma!

Profi-Ofentipp

Wer an seinem Ofen nicht extra Unter- und Oberhitze regulieren kann, sollte den Käsekuchen am Anfang auf der obersten Schiene bei 200 Grad Unter- und Oberhitze backen. Danach auf mittlerer Schiene weiterbacken.

Profitipp

Welcher Quark ist der beste? Mit einem Magerquark macht man nie etwas falsch, aber je mehr Fett der Quark hat, desto besser schmeckt er, und beim Backen hat man es etwas leichter.

Immer noch nicht perfekt?

Dann hört doch in unseren Podcast »two bake girls« rein! Hier haben meine Kollegin Vera und ich sogar eine ganze Folge, die sich nur um den perfekten Käsekuchen dreht. Außerdem gibt es weitere tolle Tipps und Geschichten aus der Backstube. Überall wo es Podcasts gibt!

Klassischer Käsekuchen

Zutaten für den Mürbeteig

125 g	Zucker
250 g	Butter, weich
400 g	Weizenmehl, Type 405
1	Ei (optional)

Zutaten für die Füllung

500 g	Quark, Magerstufe
80 g	Mehl
120 g	Eigelb (ca. 6 Stück)
80 g	Milch
4 g	Zitrone oder Vanille
150 g	Butter, flüssig
170 g	Eiklar (ca. 6 Stück)
160 g	Zucker
2 g	Salz

Rezept reicht für

eine Form 26 cm Ø und 7–8 cm hoch

Zubereitung

Für den Mürbeteig alle Zutaten zu einem Teig verkneten und entweder kurz oder über Nacht in den Kühlschrank stellen. Die Menge ergibt mehr, als für das Rezept benötigt wird! Das Ausrollen geht so leichter und der Rest kann entweder wieder im Kühlschrank oder im Gefrierfach aufbewahrt werden.

Den leicht gekühlten Mürbeteig auf ca. 3 mm ausrollen und in eine gut gefettete Form geben.

Die Zutaten für den Käsekuchen sollten alle Raumtemperatur haben.

Zunächst die Eier trennen. Ihr benötigt etwas mehr Eigelb, daher alles genau abwiegen! Dann den Quark mit Mehl, Eigelb, Milch und Zitrone oder Vanille glatt rühren; zum Schluss die flüssige Butter dazugeben.

Das Eiklar mit Zucker und Salz cremig schlagen, aber nicht steif. So geht das Unterheben leichter und es entstehen dabei keine Flocken.

Eischnee unter die andere Masse heben und in die Mürbeteigform geben. Die Oberfläche glatt streichen.

Den Kuchen bei 210 Grad Oberhitze und 180 Unterhitze für ca. 10 Minuten anbacken, bis eine leichte Haut entsteht. Den Kuchen dann rausnehmen und mit einem glatten(!) Messer leicht zwischen Rand und Masse einschneiden, damit die typische Käsekuchen-Einkerbung entsteht und die Oberflächenspannung rausgenommen wird. Kurz 10 Minuten draußen stehen lassen und dann weiter backen.

Den Kuchen dann abwechselnd ca. 15 Minuten bei 180 Grad Unter- und Oberhitze backen und dann genauso lange draußen stehen lassen. Diesen Vorgang ca. vier Mal wiederholen, so fällt der Kuchen nicht zusammen und bekommt keine Risse.

Profitipp

Wer den Klassiker etwas aufpeppen will, kann gern mit Gewürzen nachhelfen. Eine kleine geriebene Tonkabohne im hellen Teig und 20 g Orangenabrieb im dunklen schmecken richtig lecker!

Zum Thema Backpulver

Manche mögen den Geschmack nicht, andere haben es einfach beim Einkaufen vergessen. Kein Problem! Ihr könnt das Backpulver einfach weglassen, der Kuchen wird dann einfach etwas kompakter. Gilt auch für andere ähnliche Kuchenrezepte.

Marmorkuchen

Zutaten für den hellen Rührteig

250 g	Butter
230 g	Zucker
4	Eier
2 g	Salz
470 g	Weizenmehl, Type 405
10 g	Backpulver
125 g	Milch

Zutaten für den dunklen Rührteig

500 g	helle Masse
20 g	Zucker
50 g	Milch
40 g	Kakao

Zubereitung

Für die helle Grundmasse Butter, Zucker und Salz leicht aufschlagen und die Eier im Wechsel mit Mehl und Backpulver dazugeben. Zum Schluss die Milch einrühren.

Den Teil für die dunkle Masse abteilen und die restlichen Zutaten einrühren. Die Massen in eine gut gefettete(!) Form geben und mit der Gabel leicht marmorieren.

Den Kuchen bei 200 Grad Unter- und Oberhitze anbacken, bis er eine ganz leichte Haut hat. Dann ganz leicht in der Mitte mit einem glatten Messer einschneiden, bei Bedarf das Messer zwischendurch mit Wasser reinigen.

Bei 180 Grad Unter- und Oberhitze ca. 45 Minuten fertig backen. Wird der Kuchen mit der Zeit zu dunkel, einfach mit einem Backpapier abdecken oder die Oberhitze runter regulieren.

Rezept reicht für

eine Form 26 cm Ø und 7–8 cm hoch oder eine Gugelhupfform

Profitipp

Wenn die Zwetschgen schon sehr reif oder tiefgefroren sind, Semmelbrösel auf den Boden der Kuchenform streuen. So wird die überschüssige Flüssigkeit aufgesaugt und der Kuchen nicht matschig.

Rezept reicht für

eine Form 26–28 cm Ø
und 5 cm hoch

Für Genießer

Dieser Hefeteig ist ein echter Allrounder. Je nach Saison lässt er sich mit den unterschiedlichsten Früchten belegen. Wer etwas kreativ werden möchte, kann zum Beispiel noch eine dünne Schicht gekochten Pudding unter die Zwetschgen geben und einfach mitbacken.

Zwetschgenkuchen aus Hefeteig

Zutaten für den Teig

300 g Weizenmehl, Type 550
120 g Milch
18 g Hefe
60 g Butter
40 g Zucker
60 g Vollei
3 g Salz

ca. 500 g Zwetschgen

Zutaten für die Zimtstreusel

100 g Butter
100 g Zucker
200 g Weizenmehl, Type 405
4 g Zimt, optional auch ohne

Zubereitung

Die Zutaten sollten nicht wärmer als 24 Grad (Raumtemperatur) sein.

Alle Zutaten zusammen in eine Schüssel geben und kneten: 4 Minuten auf einer langsamen Stufe und 6 Minuten auf einer schnellen.

Den Teig ca. 10 Minuten ruhen lassen, dann ausrollen und in die gefettete Form legen.

In der Zwischenzeit alle Zutaten für die Streusel in eine Schüssel geben und vermischen. Streusel-Liebhaber können auch die doppelte Menge nehmen.

Den Hefeteig dann mit den gereinigten und entkernten Zwetschgen belegen.

Der Kuchen kann jetzt direkt gebacken werden oder noch etwas auf Gare stehen. Wenn die Konsistenz eher saftig und kompakt sein soll, entscheidet euch für die erste Variante. Zum Schluss: Streusel, wer mag.

Bei 190 Grad Unter- und Oberhitze ca. 30 Minuten backen.

Nach dem Backen kurz abkühlen lassen und dann direkt aus der Form stürzen. Ansonsten kann der Kuchen nachbacken und trocken werden.

Profitipp
Diesen herzhaften Kuchen gibt es klassischerweise im Herbst, ansonsten kann man das Sauerkraut auch einfach durch anderes Gemüse ersetzen.

Sauerkrautschnitte

Zutaten für den Boden

- 50 g Magerquark
- 10 g Öl, neutral
- 2 g Salz
- 100 g Weizenmehl, Type 550
- 5 g Backpulver

Zutaten für die Füllung

- 50 g Speck
- 20 g Öl, neutral oder Butter
- 30 g Apfelsaft
- 400 g Sauerkraut, fertig fermentiert
- 100 g Sahne
- 1 Ei
- 125 g Käse, gerieben
- 3 g Salz
- 2 g Paprikapulver, edelsüß
- 1 g Pfeffer

Zubereitung

Die Zutaten für den Boden alle zusammen vermischen und glatt kneten, geht auch per Hand, da der Teig sehr weich ist. Danach einfach in der gut gefetteten Form platt drücken. Wer mag, mit einem halbhohen Rand.

Für die Füllung den Speck mit dem Fett kurz anbraten und mit dem Apfelsaft ablöschen. Für die vegetarische Variante den Speck einfach weglassen. Danach alle weiteren Zutaten dazugeben, die Füllung muss nicht mehr kochen!

Geschmäcker sind verschieden, daher kann die Füllung individuell oder nach Rezept abgeschmeckt werden.

Dann die Füllung mit der gesamten Flüssigkeit in die Form gießen. Diese sollte daher unbedingt an den Rändern komplett geschlossen sein (wie zum Beispiel die Glasform auf dem oberen Bild).

Bei 190 Grad Unter- und Oberhitze ca. 40 Minuten backen.

Rezept reicht für
eine kleine Auflaufform

Backen für und mit den Kleinsten

Eines meiner Lieblingskapitel! Seit ich selbst Mama bin, weiß ich, wie viel Zeit man in diese Aufgabe investiert. Auch isst das Kind in jeder Lebensphase absolut anders und irgendwann kann man eigentlich gar nicht mehr allein in der Küche stehen und in Ruhe backen. Also habe ich fünf individuelle Rezepte zusammengestellt, die ab dem Beikostalter geeignet sind, wenn das Kind mitmachen möchte. Für Kindergeburtstage, als Beschäftigung bei Regenwetter ... Backen geht immer!

Profitipp

Die Bananen lange reifen lassen. Besonders süß sind sie, wenn sie schon leicht braun werden. Wer keine Zeit hat, kann die Bananen auch schälen, einfrieren und dann bei Bedarf verbacken.

Für die Kleinsten

Unsere Tochter *liebt* Bananenbrot! Anfangs habe ich ihr immer einen extra Schuss Milch darüber gegeben, damit sie es besser kauen konnte.
Achtung: Die Banane als Deko dann lieber weglassen; Erstickungsgefahr!

Bananenbrot ohne Zuckerzusatz

Zutaten für den Rührteig

500 g	Bananen (3 Stück, mittelgroß)
80 g	Öl
2	Eier
200 g	Dinkelmehl, Type 630
2 g	Salz
10 g	Backpulver
2 g	Vanille
1 g	Zimt
2 g	Ingwer, getrocknet und gemahlen

Rezept reicht für

eine Kastenform

Zubereitung

Für die angegebene Menge an Bananen benötigt man ca. 3 mittelgroße Bananen. Wer das Brot saftiger haben möchte, nimmt mehr und wer es gern etwas kompakter hat, nimmt weniger. Die Bananen mit den Gewürzen und allen anderen flüssigen Zutaten kurz pürieren. Das Mehl mit dem Backpulver zum Schluss kurz (!) unterrühren. Den Teig in eine gut gefettete Form gießen.

Wahlweise könnt ihr aus dem Teig auch Muffins machen. Er reicht für ca. 12 Stück. Kleiner Tipp: Gebt eine Handvoll Blaubeeren hinzu, sie machen die Muffins noch fruchtiger.

Für die Optik gern noch eine ganze Banane der Länge nach halbieren und auf das Bananenbrot drauf legen.

Backen bei 190 Grad Unter- und Oberhitze ca. 30 Minuten.

Profitipp

Auch hier kann man immer auf Früchte der Saison zurückgreifen. Und was mit Kindern auch immer praktisch ist: Die Muffins lassen sich super einfrieren und bei Bedarf auftauen.

Rezept reicht für

12 Muffins, eine Form

Blaubeermuffins

Zutaten für den Rührteig

125 g	Zucker
140 g	Butter, weich
2	Eier (optional)
30 g	Haferflocken
175 g	Milch
200 g	Dinkelmehl, Type 630
8 g	Backpulver
2 g	Vanille und/oder Zimt
150 g	Heidelbeeren, frisch oder gefroren

Zubereitung

Die Haferflocken in der Milch einweichen.

Butter, Zucker, Gewürze und Eier leicht aufschlagen. Die Milch mit den Haferflocken und das Mehl mit dem Backpulver im Wechsel dazugeben, bis ein glatter Teig entsteht.

Zum Schluss die Heidelbeeren hinzufügen. Bei gefrorenen muss man sich etwas beeilen, da sonst der komplette Teig gefriert. Falls das passiert, einfach etwas warten. Im Idealfall tritt der Saft aber erst während des Backens aus und macht die Muffins schön saftig.

Den Teig in Förmchen füllen, die in einer Muffinform stecken.
Bei 190 Grad Unter- und Oberhitze ca. 30 Minuten backen.

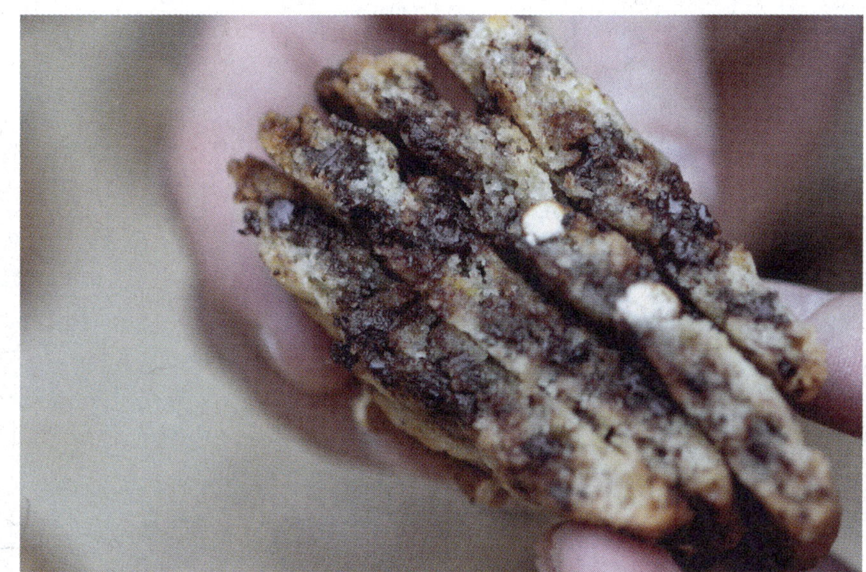

Profitipp
Inzwischen gibt es auch in gut sortierten Supermärkten Backdrops ohne oder mit weniger Zucker. Aber natürlich gehen zum Beispiel auch bunte Schokolinsen für die Oberseite der Cookies.

Cookies

Zutaten

140 g	Butter, weich
200 g	Zucker, weiß oder braun
1	Ei
180 g	Weizenmehl, Type 405
5 g	Backpulver
2 g	Salz
150 g	Kuvertüre (Vollmilch, Zartbitter, Weiße), gehackt oder andere backfeste Schokolade

Zubereitung

Die Zutaten nach und nach miteinander vermischen zum Schluss die Schokolade dazugeben.

Aus dem Teig dann kleine Kugeln formen (im Sommer kann man auch alles kurz mal in den Kühlschrank stellen) und auf einem mit Backpapier ausgelegten Blech leicht flach drücken.

Auf die Cookies könnt ihr nach Belieben noch ein paar extra Schokoladendrops streuen.

Bei maximal 180 Grad Unter- und Oberhitze ca. 12 Minuten backen, bis der Rand leicht braun wird.

Rezept reicht für
20 Cookies und 2 Bleche

Zum Hirschhornsalz
Zunächst einmal, keine Angst bei der Verwendung. Das Backtriebmittel löst sich bei solchen flachen Gebäcken vollständig auf, auch wenn es nach dem Backen noch etwas danach riechen sollte. Unbedingt die Herstellungshinweise beachten, dann bekommt der Amerikaner seine charakteristischen Merkmale. Wer keines daheim hat, einfach durch 5 g Backpulver ersetzen. Allerdings kann es dann zu deutlichen Abweichungen kommen.

Profitipp
Amerikaner eignen sich (vor allem ohne Glasur) ideal für »kurz auf die Kinderhand«, da man sie super backen, einfrieren und bei Bedarf auftauen kann.

Amerikaner

Zutaten für den Rührteig

75 g	Butter
110 g	Zucker
1	Ei
2 g	Salz
300 g	Weizenmehl, Type 405
10 g	Backpulver
2 g	Hirschhornsalz
175 g	Milch
2 g	Vanille

Zutaten für Glasur/Ganache

150 g	Sahne
150 g	Zartbitterkuvertüre (für Kinder alternativ Vollmilch- oder weiße Kuvertüre, dann die Sahne auf ca. 120 g reduzieren)

Zubereitung
Butter, Zucker, Vanille, Salz und das Ei leicht schaumig schlagen.

Das Hirschhornsalz mit einer kleinen Menge (kalter!) Milch auflösen.

Mehl, Backpulver und die restliche Milch abwechselnd zu der Masse geben. Wenn die Masse glatt ist, zum Schuss das gelöste Hirschhornsalz dazugeben.

Die Masse mit einem Spritzbeutel auf ein Backblech spritzen. Dabei Abstand lassen, da sie beim Backen noch etwas auseinanderlaufen.

Bei 210 Grad Unter- und Oberhitze ca. 8 Minuten backen.

Nach dem Backen das Backpapier mit den Amerikanern direkt(!) vom Blech ziehen und auskühlen lassen.

Für die Glasur einfach die Sahne leicht erhitzen (nicht kochen!) und über die gehackte Kuvertüre geben. Verarbeitungstemperatur sollte zwischen 28–30 Grad liegen. Je nach Sorte der Kuvertüre müsst ihr eventuell mehr Sahne dazugeben, bei heller oder weißer Kuvertüre die Sahne hingegen reduzieren. Die Glasur könnt ihr auch zum Überziehen von Torten oder anderem verwenden.

Rezept reicht für 12 mittelgroße Stück

Profitipp
Wer keinen Milchreis mag, kann auch Grießbrei verwenden. Auch die Kirschen könnt ihr ersetzen oder weglassen.

Milchreiskuchen

Zutaten für den Rührteig

200 g Zucker
200 g Butter
4 Eier
10 g Zimt
125 g Dinkelmehl, Type 630
100 g Stärke
10 g Backpulver

300 g Milchreis, fertig gekocht
250 g Kirschen
Stärke, optional

Butterstreusel, optional

100 g Butter
100 g Zucker
200 g Weizenmehl, Type 405

Zubereitung

Zuerst den Milchreis kochen, am besten so wie ihr es immer macht, nur ohne Zucker. Der Milchreis sollte auf jeden Fall schön weich und fast schon flüssig sein, da er beim Backen noch nachzieht.

Für die Streusel alle Zutaten in eine Schüssel geben und kurz vermischen. Streusel kann man auch sehr gut auf Vorrat herstellen, sie sind gekühlt mindestens 4 Wochen haltbar.

Für den Rührteig Zucker, Butter, Eier und den Zimt leicht schaumig schlagen. Die trockenen Zutaten kurz unterrühren.

▶

Rezept reicht für
eine Auflaufform

Den Teig in eine gut gefettete Form gießen oder die Form mit Backpapier auslegen.

Den Milchreis idealerweise mit dem Spritzbeutel in den Teig spritzen …

… danach die Kirschen obendrauf streuen. Falls die Masse zu stark aufgeschlagen wurde, kann es sein, dass die Kirschen auf den Kuchenboden absacken. Um das direkt zu vermeiden, die Kirschen gut abtropfen lassen und danach leicht in Stärke wälzen. Zum Schluss, wer mag: Streusel.

Bei 200 Grad Unter- und Oberhitze ca. 40 Minuten backen.

Leckeres für Abende mit Freunden

Klar lieben wir unsere Kinder, aber wir lieben sie auch, wenn sie abends im Bett liegen und schlafen. Dann ist nämlich Zeit, gemeinsam mit Freunden in Ruhe zu schlemmen oder auch mal Rezepte zu testen, die nicht unbedingt für Kinder geeignet sind. Also, liebe Eltern, gönnt euch etwas, ihr habt es euch verdient!

Profitipp

Wer einen Sauerteig im Haus hat, kann 100 g Mehl durch 200 g Sauerteig ersetzen. Die Wassermenge muss dabei eventuell auch etwas reduziert werden. Allgemein sind die Wasserangaben immer für Einsteiger; wer sich auskennt, kann die Wassermenge beim Kneten langsam steigern. Die Wassermenge sollte nie höher als die Mehlmenge sein!

Focaccia

Zutaten für den Teig

400 g Weizenmehl, Type 550
60 g Weizenmehl, Type 1050 (optional auch nur Type 550 verwenden)
40 g Hartweizengrieß
10 g Salz
8 g Hefe
mind. 380 g Wasser, kalt

Zutaten für das Topping

Tomate
Sesam

Wer anderes Gemüse als Topping verwenden möchte, sollte es eventuell vorgaren. ▶

Rezept reicht für

einen großen Fladen

Für Genießer

Die Focaccia eignet sich auch hervorragend als Fladenbrot, einfach aufschneiden und befüllen.

Zubereitung

Außer dem Wasser sollten alle Zutaten nicht wärmer als die Raumtemperatur sein.

Alle Zutaten zusammen in eine Schüssel geben und kneten: 4 Minuten im langsamen Gang und 6 Minuten im schnellen. Der Teig sollte eine glatte Oberfläche haben und sich vom Schüsselrand lösen. Wer sich traut, kann auch mehr Wasser verwenden, der Teig wird dadurch aber automatisch weicher und schwieriger zu verarbeiten.

Den Teig ca. 10 Minuten ruhen lassen. Danach am besten mit nassen Händen zu einer festen Kugel formen. Wer den Teig nicht gleich weiterverarbeiten möchte, kann ihn auch für max. 16 Stunden in den Kühlschrank stellen.

Den Teig danach einfach auf ein bereits leicht geöltes Backpapier legen und mit etwas Öl bestreichen, damit die Haut nicht austrocknet. Der Teig sollte mindestens 30 Minuten ruhen, kann aber bis zu 2 Stunden bei Raumtemperatur stehen gelassen werden. Danach die Hände befeuchten und mit den Fingerspitzen die klassischen Löcher eindrücken, automatisch wird der Teig dadurch zum Fladen.

Zum Schluss nochmal etwas Öl (neutrales oder Olivenöl) auf dem Teig verteilen und beliebig mit zum Beispiel Tomaten oder Sesam belegen und bestreuen. Gewürze eignen sich nicht so gut, da sie auf der Oberfläche leicht verbrennen.

Bei 250 Grad Unter- und Oberhitze kurz anbacken und den Ofen dann auf 210 Grad Oberhitze und 220 Grad Unterhitze runterschalten. Für eine krosse Kruste (bei viel Öl in der Verwendung eher schwierig) die Ofentüre öfters mal kurz öffnen und den Dampf entweichen lassen. Gesamtbackzeit ca. 20 Minuten.

Knuspergebäck (auch vegan)

Zutaten für die italienische Variante (vegan)

300 g Weizenmehl, Type 550
140 g Wasser, kalt
50 g Olivenöl
16 g Backpulver
6 g Salz
50 g Tomaten (getrocknet und in Öl eingelegt), fein gehackt
1 g Italienische Kräuter

Zutaten für die schwäbische Variante

300 g Weizenmehl, Type 550
140 g Wasser, kalt
50 g Olivenöl
16 g Backpulver
4 g Salz
50 g Speck, gewürfelt, angebraten
30 g Röstzwiebeln

Zutaten für die süße Variante (vegan)

300 g Weizenmehl, Type 550
140 g Wasser, kalt
50 g Olivenöl
16 g Backpulver
4 g Salz
2 g Zimt
50 g Früchte, getrocknet, fein gehackt

▶

Profitipp

Hier kann man fast unbegrenzt kreativ sein! Wer es etwas farbig möchte, kann das Knuspergebäck zum Beispiel mit Kurkuma oder Tomatenmark einfärben.

Profitipp
Gut durchgebacken und verpackt ist das Gebäck mehrere Wochen lang haltbar.

Rezept reicht für
ca. zwei Bleche

Zubereitung
Bei allen Varianten: Weizenmehl, Wasser, Öl, Backpulver und Salz zusammen kneten, bis ein glatter Teig entsteht. Je nach dem welche anderen Zutaten ihr verwendet, müsst ihr die Salzmenge anpassen. Der Teig soll eine feste Konsistenz haben.

Zum Schluss die geschmacksgebenden Zutaten dazu mischen und nochmals gut verkneten.

Achtung: Der Speck sollte bereits kalt sein.

Den Teig kurz ruhen lassen und danach möglichst dünn auf 1–2 mm ausrollen.

Dann die gewünschten Formen schneiden (mit einem glatten Messer, damit werden die Kanten ebenfalls glatt) oder rollen und zwirbeln, werdet hier gern kreativ!

Vor dem Schneiden kann der Teig zum Beispiel noch mit Sesam oder grobem Salz bestreut werden. Gewürze sind eher nicht geeignet, da sie auf der Oberfläche schnell verbrennen. Bei 200 Grad Unter- und Oberhitze je nach Größe ca. 10 Minuten backen.

Tiramisu mit selbstgemachten Löffelbiskuits

Zutaten für die Löffelbiskuits

- 90 g Eiweiß (entspricht 3 Eiern)
- 65 g Zucker
- 1 g Salz
- 60 g Eigelb
- 30 g Weizenmehl, Type 550
- 30 g Stärke
- Zucker zum Bestreuen

Zutaten für das Tiramisu

- 250 g Mascarpone
- 2 Eier
- 100 g Puderzucker oder feiner Kristallzucker
- mind. 350 ml Espresso für die Löffelbiskuits und eventuell Amaretto
- Kakao für die Oberfläche

Rezept reicht für

eine Auflaufform für ca. 4 Personen – Löffelbiskuitteig ergibt ca. 1 Blech.

Profitipp

Zu Kaffee passt hervorragend Schokolade, dafür einfach fein gehackte oder flüssige Kuvertüre zwischen die einzelnen Schichten geben.

Zubereitung

Für die Löffelbiskuits sollten die Eier Raumtemperatur haben – nehmt sie etwas früher aus dem Kühlschrank. So spart man sich ein aufwendiges Kalt- und Warmschlagen im Wasserbad.

Für die Löffelbiskuits die Eier trennen und Eiweiß, ca. 40 g Zucker und Salz cremig schlagen. Auch hier nicht zu fest, dann geht das Unterheben der restlichen Zutaten leichter und schneller. Eigelb mit den restlichen 25 g Zucker ebenfalls leicht aufschlagen. Zum Schluss die beiden Massen leicht untereinander heben und am Ende die restlichen trockenen Zutaten hinzufügen.

Die Löffelbiskuits mit einer 13-mm-Lochtülle klassisch aufspritzen (zum Beispiel in Form eines Knochens), oder einfach auf ein Blech aufstreichen und nach dem Backen schneiden. Beim Aufstreichen auf eine gute Höhe achten, sonst werden sie zu trocken. Diese Variante geht schneller und ist kaum von der klassischen zu unterscheiden. Vor dem Backen leicht mit Zucker bestreuen.

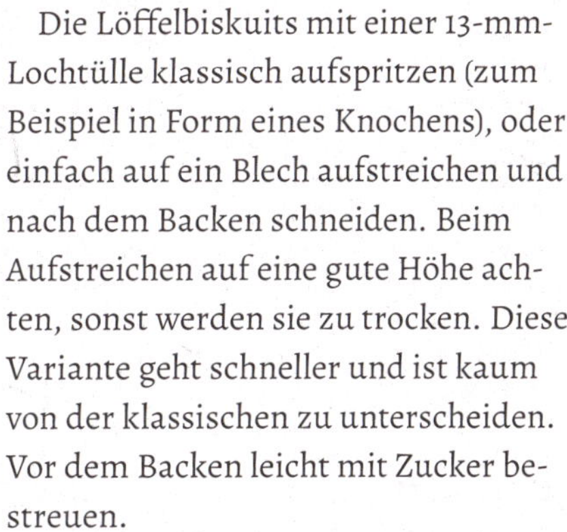

Bei 180 Grad Unter- und Oberhitze ca. 11 Minuten backen. Gleich danach mit dem Papier vom heißen Blech ziehen. Falls sie zu trocken werden, später einfach länger in Espresso tauchen.

Für die Tiramisu-Creme wieder die Eier trennen und das Eiweiß mit dem Zucker aufschlagen. Aufgrund des hohen Zuckergehalts wird der Eischnee etwas länger beim Aufschlagen benötigen, die Konsistenz sollte auch hier cremig sein. Mascarpone mit dem Eigelb ebenfalls gut glatt rühren, auch hier ist es leichter, wenn alle Zutaten Zimmertemperatur haben. Danach den Eischnee vorsichtig unterheben. Abschließend die Masse mit den Löffelbiskuits abwechselnd in einer Auflaufform schichten.

Das Dessert innerhalb von 24 Stunden verzehren.

Weihnachtsbäckerei für die ganze Familie

Die Jahreszeit, in der wirklich fast alle ihre Leidenschaft fürs Backen entdecken! Es ist es ganz besonders schön, wenn sich die ganze Familie in der Küche trifft und zusammen genascht wird. Meine Auswahl für diese besondere Zeit umfasst nicht nur Plätzchenrezepte, sondern auch ein Dessert und etwas, das ideal zum Verschenken ist. Frohe Weihnachten! (Aber: Viele Ideen schmecken auch während des Jahres ganz hervorragend!)

Weiße Zimtpralinen mit Mandeln

Zutaten für die Füllung

200 g Sahne, mindestens 32 Prozent Fett
270 g Kuvertüre, weiß
6 g Zimt

40 g Glukose oder Invertzucker, optional

Zutaten für den Pralinenmantel

Kuvertüre, weiß
Mandeln, gehobelt und geröstet

außerdem Pralinenhohlkörper ▸

Rezept reicht für

ca. 63 Stück

Profitipp

Den Zimt kann man bei diesem Rezept weglassen und durch andere Gewürze oder geschmacksgebende Stoffe ersetzen, auch ein leckerer Alkohol ist möglich. Bei allem aber auf die Dosierung achten und eventuell die Sahnemenge anpassen. Wenn man stattdessen Milch oder Zartbitterkuvertüre verwendet, muss der Sahneanteil aber unbedingt erhöht werden!

Profitipp

Trüffel und anderen Pralinen schmecken in den ersten zwei Wochen am besten, also lieber nicht länger aufbewahren, sondern direkt genießen! Ideale Lagertemperatur: 13 – 18 Grad.

Zubereitung

Bei der kompletten Herstellung ist es sehr wichtig, hygienisch und sauber zu arbeiten!

Glukose und Invertzucker können optional hinzugefügt werden, falls man die Trüffel länger aufbewahren möchte.

Die Sahne erhitzen, bis sie kurz vor dem Kochen ist und über die restlichen Zutaten gießen. Alles langsam miteinander emulgieren. Hier auf keinen Fall einen Schneebesen verwenden, sondern einen Plastik-Kochlöffel oder Ähnliches. Sonst kommt Luft in die Füllung, was ein falsches Volumen vortäuschen kann. Falls kleine Klümpchen entstehen oder der Zimt sich nicht komplett löst, kurz mit dem Pürierstab in die Masse gehen. Auch hier darauf achten, keine zusätzliche Luft in die Masse einzurühren.

Die Masse auf ca. 32 Grad abkühlen lassen und dann in die Hohlkörper füllen. Beim Füllen nicht sparen und eine leichte Kuppel entstehen lassen, diese senkt sich wieder nach einer Weile. Eine Nacht stehen lassen, nur bei besonders warmen Temperaturen in den Kühlschrank stellen. Am nächsten Tag den Deckel mit Kuvertüre versiegeln, hierfür am besten einen kleinen Spritzbeutel verwenden.

Die Kugeln dann mit weißer Kuvertüre benetzen und in gehobelten und gerösteten Mandeln wälzen. Für diese Arbeit ist man am besten zu zweit.

Profitipp
Da nicht unbedingt Ei im Rezept verwendet werden muss, kann man dieses Rezept auch ganz einfach vegan herstellen. Hierfür die Butter durch eine pflanzliche Variante ersetzen wie zum Beispiel Margarine.

Rezept reicht für
ca. 2 Ofenbleche

Vanillekipferl

Zutaten

150 g Haselnüsse oder Mandeln, gerieben und geröstet
325 g Weizenmehl, Type 405
250 g Butter, weich
100 g Zucker
1 g Salz
2 Vanilleschoten
1 Ei, optional

Zubereitung

Für den Keksteig alle Zutaten miteinander verkneten, bis alles gut vermischt ist. Den Teig dann mindestens 16 Stunden gut abgedeckt in den Kühlschrank stellen. Der Teig kann etwas bröselig sein; wer damit nicht zurecht kommt, kann zusätzlich ein Ei in den Teig geben.

Eine Stunde vor der Weiterverarbeitung den Teig aus dem Kühlschrank holen.

Den gekühlten Teig zu Stangen rollen, in ca. 1 cm breite Stücke schneiden und klassisch formen. Alternativ kann man auch jedes Kipferl einzeln auf ca. 8 g abwiegen. Zum Schluss die Plätzchen mit etwas Abstand auf ein Backblech legen.

Bei 180 Grad Unter- und Oberhitze ca. 10–12 Minuten backen. Wer die Kekse etwas dunkler möchte, lässt sie länger im Ofen.

Die noch warmen Kipferl nach dem Backen in Vanille- oder Zimtzucker wälzen; die Variante ist gut geeignet, wenn man später mehrere Kekssorten mischen und verpacken möchte.

Klassisch kann man die Plätzchen mit Puderzucker bestreuen, dafür sollten sie nach dem Backen noch etwas mehr abkühlen.

Profitipp

Die Füllung auf die Kekshälften spritzen und warten, bis sie etwas fest ist, erst danach die zweite Hälfte auflegen und leicht andrücken. So bleiben die Hälften schön übereinander und nichts verrutscht.

Baci di Dama

Zutaten für den Teig

- 140 g Haselnüsse oder Mandeln, gerieben und geröstet
- 140 g Weizenmehl, Type 405
- 110 g Butter, weich
- 100 g Zucker
- 1 g Salz
- 1 g Zimt, optional
- 1 Ei, optional

Zutaten für die Füllung

- 50 g Nougat oder Butter
- 100 g Kuvertüre, dunkel, mind. 60 Prozent Kakao

Rezept reicht für

ca. 2 Ofenbleche

Zubereitung

Die Teigzutaten zusammen verkneten. Dann die Masse für mindestens 16 Stunden gut abgedeckt in den Kühlschrank stellen. Falls euch der Teig zu bröselig ist, gebt einfach ein Ei dazu.

Nehmt ihn rechtzeitig aus dem Kühlschrank (ca. eine Stunde davor), um ihn weiterzuverarbeiten. Den gekühlten Teig zu jeweils 6–8 g schweren Stücken abwiegen und daraus Kugeln formen. Danach auf ein Blech mit Backpapier setzen und leicht andrücken.

Bei 180 Grad Unter- und Oberhitze ca. 10–12 Minuten backen. Wer die Kekse etwas dunkler möchte, lässt sie etwas länger im Ofen.

Für die Füllung alle Zutaten leicht zum Schmelzen bringen und miteinander vermischen. Achtung: Bei Butter ist die Creme nicht so lange haltbar. Wer etwas Füllung übrig hat, kann diese einfach gut abgedeckt im Kühlschrank lagern und später verwenden.

Profitipp
Dieser Teig ist auch eine ideale Basis für weitere Rezepte wie zum Beispiel Zupfkuchen. Gekühlt und gut abgedeckt ist er ca. 6 Wochen im Kühlschrank haltbar, eingefroren noch länger.

Dunkle Schokoladenkekse

Rezept reicht für
ca. 2 Ofenbleche

Zutaten

250 g Weizenmehl, Type 405
200 g Butter, weich
100 g Zucker
50 g Kakao
1 g Zimt
1 g Salz

Süße Konfitüre, optional
Nougat, optional

Zubereitung

Alle Zutaten zusammen verkneten, bis alles gut vermischt ist. Stellt den Teig danach für mindestens 16 Stunden in den Kühlschrank.

Holt den Teig ca. eine Stunde vor der Weiterverarbeitung aus dem Kühlschrank und knetet ihn einmal durch. Dann den Teig auf ca. 2–3 mm ausrollen und beliebig ausstechen.

Bei 180 Grad Unter- und Oberhitze ca. 10–12 Minuten backen. Achtung, bei dunklen Kekse sieht man eher schlecht, wann sie fertig sind. Wenn sie zu lang im Ofen waren, schmecken sie schnell bitter.

Die Kekse können beliebig gefüllt werden, zum Beispiel vor dem Zusammensetzen mit Nougat. Alternativ mit einem kleinen Klecks Konfitüre aufeinanderlegen und mit heißer Konfitüre das ausgestochene Herz auffüllen. Ich empfehle süße Konfitüre, da sie einen guten Kontrast zur herben Schokolade bildet.

Kalorien sparen

Der Cheesecake kommt aus den USA, daher wird hier auch nur mit Frischkäse gearbeitet. Der amerikanische Frischkäse hat eher die Konsistenz von weicher Butter und ist deutlich fester, als es bei uns üblich ist.

Falls ihr etwas Fett sparen möchtet, einfach ca. 200 g Frischkäse durch Schmand oder Crème fraîche ersetzen.

Der Zuckeranteil ist schon reduziert, kann aber nochmals etwas angepasst werden (auch nach oben, wenn man's süßer mag).

Cheesecake mit Spekulatiusboden

Zutaten für den Boden

150-200 g	Spekulatius oder andere Keksreste
30-50 g	Butter, flüssig

Zutaten für den Teig

900 g	Doppelrahmfrischkäse
150 g	Zucker
3	Eier
1	Zitrone, Saft und Schalenabrieb und/oder Vanilleschote
15 g	Weizenstärke, optional für mehr Sicherheit

▶

Rezept reicht für

eine Form 20 cm Ø
und mindestens 7 cm hoch

Profitipp

Damit der Cheesecake seine klassische Konsistenz erhält, wird er im Wasserbad mehr gestockt, als gebacken. Das Wasserbad verhindert eine zu hohe Hitze und beugt damit zum Beispiel Rissen vor. Dazu eignet sich am besten eine wasserdichte oder spezielle Form, die während des Backens in einer hitzebeständigen Schüssel steht. Die Wassermenge sollte die komplette Masse umschließen, aber nicht auf die Oberfläche des Kuchens fließen.

Für Genießer

Wer keine Kekse kaufen möchte, kann sich den Streuselboden ganz einfach selbst machen. Einfach Mürbeteigstreusel backen und dann genauso verfahren, wie oben beschrieben. Auch hier kann man zum Beispiel mit weihnachtlichen Gewürzen arbeiten. Ein Rezept für Streusel findet ihr beim Zwetschgenkuchen!

Zubereitung

Für den Kuchen nehmt ihr am besten eine Springform oder eine spezielle Cheesecakeform. Der Kuchen muss auf jeden Fall im Wasserbad gebacken werden, schlagt hierfür die Springform in Alufolie ein (auch wenn sie vermeintlich dicht ist).

Für den Boden die Kekse fein zerkrümeln, einfach in eine Tüte füllen und mit dem Rollholz drübergehen. Danach mit der Butter vermengen, gut in die gefettete Form drücken und kühl stellen.

Für die Füllung sollten alle Zutaten Raumtemperatur haben. Alles, außer die Eier, gut miteinander verrühren, bis eine glatte Masse entsteht. Zum Schluss die Eier hinzufügen und eventuell die Stärke.

Die Masse dann in die Form geben und alles bei 160 Grad Unter- und Oberhitze ca. 1 Stunde lang backen. Das Wasser sollte die gleiche Höhe wie die Füllung haben, sonst ist der Effekt des Wasserbades weg.

Ungefähr nach der Hälfte der Backzeit die Farbe der Oberfläche kontrollieren. Falls der Kuchen schon langsam braun wird, setzt ihn eine Schiene tiefer. Der klassische Cheesecake hat nahezu eine fast schneeweiße Oberfläche.

Nach dem Backen den Kuchen abkühlen lassen und dann für mindestens 12 Stunden in den Kühlschrank stellen.

Über die Autorin

Katharina Regele wurde in Schwäbisch Gmünd geboren und lebt heute mit ihrer Tochter Ruby und ihrem Mann Stephan in Holzleuten. Durch ihre Eltern, die beide in der Landwirtschaft tätig sind, wurde Katharina schon sehr früh auf regionale und saisonale Lebensmittel geprägt. Die Idee, ihre Leidenschaft, das Backen, zum Beruf zu machen, kam von ihrer Mutter Gabriele. Zunächst machte Katharina Regele hierfür die Ausbildung zur Bäckerin und anschließend die Lehre zur Konditorin in der Konditorei Café Gerlach in Oberstdorf. Mit ihren zwei Meistertiteln setzte sie ihrem Werdegang die sprichwörtliche Krone auf. Die Bäckermeisterin und Konditormeisterin sammelte Erfahrungen als Pâtissière in Guernsey und als Bäckerin in Australien, Neuseeland, Singapur und Kanada. Der Erfolg ließ dann nicht lange auf sich warten: So belegte sie den zweiten Platz bei der Deutschen Meisterschaft der Bäckermeister. Seit 2022 ist sie selbstständige Unternehmerin, im Frühjahr 2023 eröffnet das Bäckermädle ihre eigene Bäckerei, in der all ihre handwerklichen Spezialitäten direkt erworben werden können.

Weitere Infos auf
www.baeckermaedle.de

Im Frühjahr 2023 eröffnet das Bäckermädle in der Bühlgasse 5 in 73572 Holzleuten ihre besondere Bäckerei.

Danksagung

In erster Linie möchte ich meinen Eltern danken. Ohne meine Mama hätte ich zum Beispiel nie den Beruf der Bäckerin ergriffen. Die beiden haben mir die Möglichkeit gegeben, meinen Traum zu erfüllen und ein Haus mit Backstube zu bauen. Das wäre in dieser Form sonst einfach nicht möglich gewesen. Danke an meinen wunderbaren Mann Stephan, der für viele Bilder stillstehen musste und unsere Tochter Ruby allein bespaßt hat, wann immer es nötig war. Wobei wir sehr stolz sind auf dich, Ruby, du machst es uns mit deiner Art sehr leicht! Natürlich auch Danke an meinen Bruder, mein wohl härtester Kritiker, dabei aber immer ehrlich. Danke an meine Freunde und vor allem meine Mädels, ihr begleitet mich schon über mein halbes Leben und darüber bin ich sehr glücklich. An meine lieben Bäcker- und Konditorkollegen und -kolleginnen, vor allem an Max Kugel für seine leckeren Brotpakete. Allgemein an alle Beteiligten wie zum Beispiel die wunderbare Kathrin Reiter, die immer so tolle Bilder von mir macht oder Cosima fürs Korrekturlesen. Nicht zu vergessen, alle die ich vergessen habe, aber die meine ständigen Wegbegleiter sind! In einem Jahr eine Bäckerei und ein Backbuch zu realisieren, hätte ich niemals für möglich gehalten. Danke für das Vertrauen in meine Person, lieber einhorn-Verlag, und an all diejenigen, die mit diesem Projekt meinen Lebenstraum erfüllt haben.

Bühlgasse 5
73572 Holzleuten
www.baeckermaedle.de